나는 용서도 없이 살았다

나는 용서도 없이 살았다

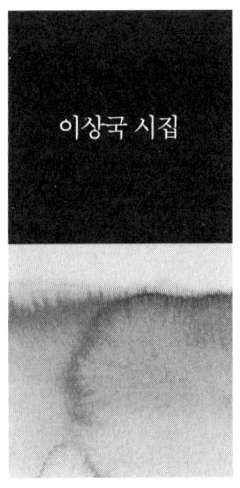

이상국 시집

창비

차례

제1부

010 나의 시

011 핑계

012 희망에 대하여

014 한 여자네 집

016 한 소식

017 어느 해 봄

018 시인 노트

020 시인들

021 여인숙

022 몸이 아픈 날은

023 그냥 가기 뭐하니까

024 과분(過分)

026 어느 날 커피를 마시고 잠이 안 와

028 너에게

030 세상을 얻다

제2부

032 콩을 고르며
033 낙산사
034 아지미 생각
036 양양 장
038 화진(花津)
039 강변역에서
040 저녁의 위로
042 어른은 울지 않는다
043 달인들
044 미안한 일
046 살림에 대하여
047 어느 봄날
048 의자
050 어머니는 산에 계신다
052 경계에 대한 생각

제3부

- 054 빈자리
- 055 무야, 무우야
- 056 저 위
- 058 마가목 사랑
- 060 벚나무 이야기
- 061 곡우지절
- 062 어느 행려별에서
- 064 천지불인(天地不仁)
- 065 물푸레나무도 힘들다
- 066 귀신 이야기
- 068 같이 살던 시절이 그립다
- 069 천변 풍경
- 072 강마을
- 074 우수(雨水) 소년
- 076 다시 봄을 기다리며
- 078 숲속의 의자

제4부

080   왈패에게
081   근황
084   전주 가서
086   어느 공공주의자의 노래
088   단추 재벌
089   골목 불친(不親)
090   색을 즐기다
092   바람에 대한 충고
094   짝짓기에 관한 변명
096   당착(撞着)
098   청바지에 대한 생각
100   여하튼 안녕
102   세계문학을 버리다
104   수행자의 노래
106   괜히

107   해설 | 유성호
122   시인의 말

제 1 부

나의 시

시가 늘지 않는다

꽃은 저 혼자서도 피었다 지고

송아지도 어미 말을 알아듣는데

시가 늘지 않는다

살다보면 사랑도 늘고 술도 늘고

이별도 늘어가는데

나의 시는 늘지 않는다

인생이 늘지 않는다

핑계

어떤 사람이
눈이나 꽃처럼
거저 오는 걸 좋아하면 가난하다는 것이고
가난하면 세상에 미안한 일이 적다

어떤 이는
사람이 살려고
너무 애쓰는 일을 재앙이라고도 했는데
가난하면 사랑하는 자식들이 다툴 일이 없고
세상 떠날 때도 소풍 가듯 가벼워서 좋다

가난은 언제 어디서나 혼자가 아니다
그래서 힘이 세고
가난은 비싸다

사랑과 가난은 감출 수도 없지만
사람들이 대부분 가난하게 사는 데는
다 이런 이유가 있는 것이다

희망에 대하여

어려서부터 나의 희망은

사람들이 좋아하는 시인이 되는 것이었고

여태껏 그걸 잊은 적이 없습니다

나는 아직도

사람들이 좋아하는 시인이 되지는 못하였으나

희망과 불화한 적은 없습니다

많은 세월이 지나

희망에 지치기도 하였지만

희망은 남에게 줄 수도 없고

버려도 누가 가져가지도 않습니다

희망이 혼자인 것처럼

시도 늘 혼자입니다

한 여자네 집

어느 날 한 여자 속으로 들어가
일생을 나오지 못했네

복사꽃 피는 시절에 만나
낙목한천에도 떠나지 못했네

아침에 집을 나서 저녁에 돌아오는데
음식과 노래는 나그네를 머물게 하네*

모든 여자는 숲이나 강처럼
거두기도 하고 버리기도 하지만
나는 컴컴한 그곳에 쥔을 든 지 오래,

때로는 검은 비가 강을 건너오는 저녁
마구간에 건초를 넣어주고
여자와 트로트를 듣기도 하네

어느 날 한 여자 속으로
살아서 들어갔다가

죽어서도 못 나오네

나는 여자에게서 왔으므로 여자가 고향이네

* 노자 『도덕경』 제35장.

한 소식

한날 문득 내가 죽어 누웠는데
그 옆에서 나는 나의 주검을 간질이며 즐거워했다
세상에 이럴 수가,
꿈에서 깨어 나를 바라보았으나
조금도 슬프거나 낯설지 않았다
드디어 나는 이렇게 뱀처럼 허물을 벗거나
사생존망을 넘어서는구나 하고는
어느덧 여기에 이른 나의 공부를
자다 말고 자찬했다
아침에 이 일을 아내에게 말했더니
커피를 진하게 한잔 마시라고 한다
어느 여자가 남편의 잠꼬대 같은 소리를 곧이듣겠으며
혹은 누가 있어 이 꿈의 열반을
제 일처럼 기뻐해주겠는가
나는 할 수 없이 이 소식을 한편의 시로 적어
세상에 던지기로 하는데……

어느 해 봄

어느 해 봄
제가 기차를 타고
강물처럼 달리다가 그만
옥천에서 내린다는 게 영동까지 갔습니다
꽃 피는 시절, 창밖으로 흐르는 보리밭과
조그만 공장 뒷마당에서 농구 하는 청년들을 보다가 그랬습니다

그러나 옥천에서 볼일을 놓친다 한들 제가 언제 영동을 가겠으며 설혹 좀더 지나 김천쯤에서 내린들 그게 무슨 대수이겠습니까

어느 해 봄
제가 기차를 타고
나그네처럼 가다가 그만
남도의 수런거리는 대숲과
들판을 내달리는 강바람에 홀려
옥천을 간다는 게 영동에서 내렸지만
기차와 나 말고는 아무도 그걸 아는 이가 없었습니다

시인 노트

새로 나온 문예지를 읽는다
아무리 읽어도 알 수 없는 시들이 있다
그러나 다 이해되면 시가 아닐지도 모른다
어차피 시는 부족의 언어다

시보다 프로필이 긴 시인도 있다

젊은 시인들의 시를 읽다가
사람 사는 마을이 보이면 한 사날 묵어가고 싶다

시인들은 고양이처럼 노동을 하지 않고 대체적으로 거만하다
그래서 아무도 시인을 겁내지 않는다
시인을 질투하는 건 시인들뿐

어떤 시인을 많은 사람들이 좋아하는 데는
다 그만한 이유가 있다

나에게는 출간한 지 십년 만에 2쇄를 찍은 시집도 있다

시처럼 끈질긴 것도 없다

요즘 시인들은 지면에 나이를 밝히지 않는다
나이를 가린다고 시도 가려지는 건 아니지만
시는 나이를 먹지 않는다

일생의 업이 이거 하나인데 어떤 사람은 요즘도 시 쓰냐고 묻는다
달아나고 싶다

시인들

어느 대장장이가 티브이에 나와
주문받은 칼이 잘 나오면 내놓고 싶지 않다고 한다

흥선대원군은 어느 날 무심하게 친 난을 지인에게 주었는데
다시는 그런 난이 안 나와 되돌려받았다고 한다

시인은 제 이야기를 많은 사람이 들어주기를 원하는 사람이다
어쩌다 그런 시가 나온다 해도
자랑이 하고 싶어 못 배길 것이다

여인숙

어쩌다 신문에 난 제 이름 옆의 나이에

누가 괄호로 울타리를 둘러주었습니다

멀고 아득했습니다

언젠가 꿈길에 걸었거나

한번도 가본 적이 없는 그곳을

지나가고 있는데

자벌레 같기도 하고 낙타 같기도 한

나 쉬어 가라고

누가 작은 집 한채를 지어주었습니다

몸이 아픈 날은

몸이 아픈 날은 죽을 먹는다

죽은 어머니처럼 희고

어머니처럼 깊다

몸이 아픈 날은

어머니에게로 간다

일생의 숟가락 하나 들고

어머니 속으로 들어간다

그냥 가기 뭐하니까

 신경림 시인이 세상을 떠 서울대병원 장례식장에 조문을 갔습니다

 화환이 즐비하고 문상객이 북적여서 작별 인사는 나중에 하기로 하고 글쟁이들과 밥 먹고 술 먼저 마셨습니다

 그러다가 밤이 되어 막차를 타고 내려왔는데 다음 날 부조는커녕 빈소에는 들르지도 않은 걸 알았습니다

 이 일을 아는 이에게 말했더니 그 양반이 그래도 그냥 가기 뭐하니까 시 한편을 주고 간 거라고 했습니다

과분(過分)

잘 알지도 못하는데
커피콩을 외상으로 주는 동네 커피 가게

어떻게 시 한편 있는 줄 알고 용케 도착한 청탁서

울적한 날 술집 같이 가주는 하느님

연립주택 화단의 애 머리통만 한 수국

점심은 먹고 왔는지
남해에서 종일 달려온 택배

어디선가 사람을 낳는 사람들이 있고
마음 깊이 감춰둔 사람이 있다는 것

나무들이 있다는 것
부모가 있다는 것

어둠이 무슨 짓을 하든

어떡해서든지 오고야 마는 아침아

어느 날 커피를 마시고 잠이 안 와

웃말 살던 정례야
니는 눈이 검고 목이 길었지

아직도 몸이 그리워하는
삼십여년 전 끊은 담배 냄새

동네 공원 울타리 아래
누가 고양이 급식소를 차려주었다
그렇게 사람에겐 냉정한 사람들이 어떻게
개나 고양이에게 친절을 베풀게 되었을까

밤중에 딸애의 상견례에 갈 옷을 입어보았다

벌도 나비도 없는 서재에서 난이
꽃 진 자리마다 꿀을 달고 있다

세월호가 가라앉던 날
노래방에서 노래 부르던 일

기형도가 살다 간 빈집엔 누가 사는지

시집을 냈다
적잖은 나이에 또 벌거숭이가 되었다

가난하면 윤리적 인간이 된다는데
불면은 인간을 비도덕적 존재로 만들기도 한다

살던 대로 살아야 하나

너에게

나는 패배도 없이 살았다
그렇지만 너를 잊은 적이 없다
나무 속의 이파리처럼, 일생의 실연처럼
너는 내 안의 무엇이었다

너는 때로 구름처럼 다정했으나
나무들이 침묵하고 비가 지나가는 동안
사랑은 어떻게 왔다 갔으며
저녁이 오고 밤이 가는 데까지
너 때문에 얼마나 오래 걸었던지

산다는 건 누구나 제게서 멀리 가는 일
자고 나면 새들은 무슨 소식을 전해 오는지
비애는 어떻게 강을 건너왔으며
바람이 무엇을 쓰고 가는지
너는 아무것도 말해주지 않았다

너 없이도 살 수 있지 않았을까,
그런 생각을 할 때도 있었지만

다른 사람들은 무슨 생각을 하며 사는지
생에 무슨 비밀이 있는지
네게 내 인생의 대부분을 쓰고도
나는 용서도 없이 살았다

세상을 얻다

벌써 오래전 일이긴 합니다만
어떤 이에게 시 한편을 보냈더니
농사한 쌀로 고료를 보내와
식구들과 이밥을 해 먹었다는 시를 쓴 적이 있습니다
사실 나는 평생 시를 쓰면서도
시 같은 건 대단찮게 여기기도 하지만
이게 보통 일이 아닌 게
어느 날 그 시를 읽은 이가
사람이 밥만 먹고 어떻게 사냐며
좋은 차와 술을 보내오고
그러다보니 또 어떤 사람이 나서서
벗 없는 차와 술이 말이나 되냐며
원근의 벗들을 불러 모았습니다
그렇게 해서 우리는 이름을 얻게 되었는데
그중 집 잘 짓는 이가 하루는
이 시회를 길이 보전할 누정(樓亭)이 필요하다며
구름 같은 정자 하나를 지어내자
산천이 시시로 꽃과 바람을 보내주는 걸
제가 어떻게 마다하겠습니까

제 2 부

콩을 고르며

어머니는 소반의 콩을 고르고
나는 바람벽의 그림자와 놀았다

콩 속에는 담배밭을 두들기며 지나가던 소내기와
마을에 살던 벌거지들이 들어 있다

양양에서 여량까지 친정길 삼백리 날이 저물어
나는 남폿불 심지를 돋우었다

더러는 내 모르는 소리 하며
어머니가 콩을 고르는 일은

당신의 설움이며 수심을 골라내는 일이었는데
오늘은 나 혼자 콩을 고른다

떠나온 마을에는 누가 사는지
콩 속의 우리 집 불이 환하다

낙산사

아버지는 원장(垣墻) 아래 기다리고 계셨다
옛 종무소 담장 너머로 달밤 같은 배밭이 보였다

손바닥만 한 산 하나를 두고
온 문중이 다투고 나서
아버지를 만난 건 처음이다
먼 데 시제를 다녀오셨는지
생전처럼 두루막을 입고 계셨다

동기간이란
한 몸에서 난 팔과 다리 같고
문중은 한 할아버지 자손이나
재물 앞에서는 차라리 남보다 못했다
나는 땅바닥만 내려다보았다

아버지는 아무 말씀도 없이
봉송 꾸러미를 건네주시고
홍예문을 지나 오봉산 끝자락으로 나가시면서
이 절에 나를 맡기고 가시는 것 같았다

아지미 생각

아지미 아지미

우리 아지미

전쟁 때 폭격에 부모 잃고

한집에서 동기간처럼 살던 우리 아지미

누군가의 애가 들어서서

언덕배기에서 구르고

간장을 마셔도 지우지 못하고

도장방에서 몰래 몸을 풀었다는……

어머니가 먼족간 누군가와

낯빛을 가리고 소곤거리는 이야기를

뭣도 모르고 듣던 날이 있었다

양양 장

민들레 뿌리를 샀다
생목 오르는 데는 그만이라며 노파는
갈고리 같은 손으로 봉지를 묶어준다
날고추장 먹지 말라는 소리가 저만치 따라온다
어머이야 어머이야

밭도 마당도 없으면서 난전을 지나며
날렵한 호미에 탐을 낸다 그러나
산천과 전답은 이미 내 안에 있으므로
나는 갈데없는 장머슴

남대천 물소리 그리워 해마다 연어는 돌아오고
이 사람 저 사람 군수가 바뀌어도
장마당은 집집이 사람들을 불러내
닷새마다 제사고 장날마다 잔치다

봉다리 몇개 들고 공연히 장마당을 돈다
장이 좋으면 절반은 장건달
구경하다가 먹다가 하루

장날이 간다

화진(花津)

절집 마당에서 헤어졌지
그게 언제 적 일인데
아버지는 아직 거기 계시는지
산그림자 화진 깊이 영가를 밀어 보내며
나는 철없이 울기만 했지
무릎이 아프도록 절만 했지
부모에게 가엾지 않은 자식이 어딨겠어
그게 벌써 언제 적 일이라고
어느 해 봄 다시 그곳에 갔을 때
무당집처럼 요란한 법당에서
부처님도 울고 계시는 것 같았다
부모에게 죄짓지 않은 자식이 없는 것처럼
세상에 아프지 않은 부처가 어딨겠어
그러나 부처에겐 부처의 일이 있고
중생에겐 중생의 일이 있어
살자고만 하면 무엇이 섧겠냐며
절 마당을 돌다 내려오는데
강마을이 그때처럼
화진에 잠기고 있었다

강변역에서

저이도 늙었구나
오가는 인파와 소음 속에 지나치길
스무해는 되는 것 같다
그동안 저이는 땅바닥에서 밥을 빌고
나는 책상에 앉아 독자를 구걸했다
그래도 나는 시 한편을 팔면
한끼 식사를 하거나
몇권의 책을 살 수도 있는데
있으나 마나 한 다리로 무릎을 꿇고
낡은 찬송가와 바구니 하나로
생활은 보장되는지
어쩌다 온 세상에서
우리는 어떡해서든 살아야 하고
사는 방법은 서로 달랐으나
저이도 좋아하는 시가 있고
노래도 있을 텐데
불행하구나 시인이여
너는 저 바구니에 천원 한장 넣은 적이 없구나

저녁의 위로

울지 마라 슬픔들아
새처럼 가볍게 사는데도
삶은 어떻게 짐이 되었으며
하루도 조용한 날이 없다고 울지 마라
인간이라는 게 죽을힘을 다해 세상에 나와
어떤 사람은 평생 고기를 잡고
어떤 사람은 벽돌만 쌓다 간다
말을 안 해 그렇지
누가 울고 싶어 울겠으며
아프고 싶어 아프겠는가

울지 마라 슬픔들아
삶은 어떻게 섬이 되었으며
벌처럼 붕붕거리며 사는데도
되는 일이 없다고
땅바닥만 내려다보지 마라
강물은 그 소리를 감추지 못하고
바람이 숲을 몰래 지나가지 못하듯
억지로 못하는 게 인생이다

저녁이다 슬픔들아
어둠의 등에 업혀 집으로 가자

어른은 울지 않는다

늙은 사내가 운다
우리 집에서 오륙십 미터쯤 되는 곳에 중학교가 있었어
걸어가면 백걸음 조금 넘어
그런데도 거길 못 다녔어
눈물이 주름진 뺨을 타고 흐른다
티브이 프로 「나는 자연인이다」에 나온 한 남자,
얼마나 포원이 졌으면
그걸 재보고 걸어봤을까
사람이 살다보면
서럽고 한 되는 게 어디 학교뿐이겠느냐
아무리 조그맣게 살아도 산다는 건
그 모든 걸 가슴에 묻는 일이고
남몰래 꺼내 보는 일이니
그만하면 됐다
그런 걸 한번 털어놓지도 못하고
돌덩이처럼 안고 사는 사람도 많다
어른은 울지 않는다

달인들

 십년이 넘도록 고층 건물에 매달려 유리창을 닦는 사람이나 일년 내내 전국을 돌며 배추를 뽑는 아주머니, 평생 홍어를 잡는 어부, 모두 먹고사는 데는 귀천이 없으며

 굽어 펴지지 않는 허리와 갈라터지고 굳은살 박인 손으로 하나같이 자식들 대학에 보냈다고 자랑스럽게 말한다

 그렇게 공부한 자식들은 먹고사는 데 귀천을 따지고 부모들은 저마다 삶의 달인이 되었다

 먹고사는 일은 그렇게 계속된다

미안한 일

누가 시키지도 않았는데 시인으로 살며

언제부턴가 세상은 자꾸 넓어지고

나는 작아져서

술을 마셔도 취하지 않던 시절이 있었지

어느 해 겨울밤

아들의 주머니 속 손을 뜨겁게 잡고

마을길을 걸으며

아버지는 가진 게 시밖에 없으니

너는 공부를 열심히 하라고 했지

지금 생각하면 아들에게도 미안하고

시에게도 미안한 일이었다

살림에 대하여

아내가 빨려고 세탁기에 넣어둔 옷가지를
빤 건 줄 알고 옥상에 내다 널었네

그들은 간지러운 햇살과 부드러운 바람에 온몸을 드러내
놓고 좋아했고
나도 뭔가를 만회한 것 같아 즐거운 한때를 보냈지만

고백하자면 살림이라는 게 무슨 면허를 가지고 하는 일은
아니어도
대체적으로 아내가 시키지 않은 일은 안 하는 게 좋네

어느 봄날

어느 날 목욕탕에서 나이를 팔았네
경로 우대를 받기 위해 생년을 대고 민증까지 내밀었으나
몇달이 모자라 해당이 안 된단다
너무 그러지 마라
말하자면 끝이 없지만
내가 여기까지 어떻게 왔으며
그 많은 부끄러움이며 환희에게
잘난 천원을 쳐주지 않다니⋯⋯
나에게 미안하고 멋쩍어서 다른 곳으로 가고 싶어도
너무 없어 보이고 쪼잔하게 구는 것 같아
그냥 들어가서는
물을 있는 대로 뒤집어쓰고
비누도 벅벅 문질러대고 나왔는데
어떻게 알았는지
조선 반만 한 봄이
꽃을 들고 기다리고 있었네

의자

형은 의자였다
관절이 다 망가지고는 바닥에 앉지 못했다
어려서부터 그의 등에 올라앉은 농업이
나중엔 그를 걷지도 못하게 했는데
형은 지게를 지고 나는 책가방을 멨으니
나의 공부 열에 아홉은 형 거다

적적한 날 술이나 한잔하자고 하면
술도 힘이 있어야 넘어간다며
형은 일생의 낙도 멀리하고
빈집처럼 절제했다

예수는 아직도 앉거나 눕지 못하지만
공자는 읍내 향교 대성전에 앉아 계시고
부처도 가까운 낙산사 원통보전에
가부좌를 하고 계시는 것처럼
형은 날마다 좌망(坐忘)에 들었다

그는 새처럼 가벼웠으므로 그렇게

몇년 먼 산과 놀며 몸을 비우다가
비 그치자 논물 보러 가는 사람처럼
어느 날 열반에 들었다

형이 가자 의자가 비어
첫 제삿날
나는 거기 앉아 형을 기다렸는데
의자도 나를 기다린 것 같았다

어머니는 산에 계신다

나는 아파트로 이사하고
어머니는 아직 산에 계신다
도라지꽃과 사신다
어머니는 엘리베이터를 못 타보셨다
커피도 모르신다
나는 그이의 검고 깊은 골짜기에서 나와
지금은 18층에서 혈압약과 현미밥을 먹고 산다
어머니는 솔숲에 계신다
바람과 사신다
어머니는 쓰레기 분리 방법도 모르고
비행기도 못 타보셨지만
당신의 세상이 더 넓거나
무거웠다고 생각하시지는 않는다
올 제사에는 동네 구경을 시켜드리고 싶으나
귀신이 안 가본 데 있냐고 하실 것이다
나는 이제 하늘 같은 건
겁을 안 낸 지 오래되었어도
당신은 무엇을 내려다보신 적이 없다
어머니는 풀꽃이나 고라니들과 살면서

자식이 얼마나 높게 되었는지 모르신다
어머니는 산에 계신다

경계에 대한 생각

내가 사는 마을에 절이 들어서고
늘씬한 부처님이 오셨다
새로 오신 부처님은
속에 뭐가 든 것 같기도 하고
어떤 때는 좀 멍청해 보이기도 하지만
나는 가끔 그 앞에 엎드려 서원을 한다
이제 갓 부임한 그이가
세상과 인생에 대하여
알면 얼마나 알겠는가 얕보다가도
아직 물정에 어둡고 선악이 없어서
말하자면 멋모르고
내 원을 들어줄지도 모른다는 계산을 하는 것이다
그도 나의 이런 속셈을 얼마쯤 알고는 있겠지만
말을 안 해 그렇지
그의 본색이 진흙 아니면
쇠붙이라는 걸 모르는 바는 아니나
어쨌든 그이는 처음부터 부처로 왔고
나는 중생으로 왔으니
그걸 넘어설 수는 없는 것이다

제 3 부

빈자리

박새가 왔다

저 작은 게 먹으면 얼마나 먹는다고

눈 온 날 이른 새벽에 왔다

내가 그를 바라보는 동안

그도 나를 바라보며

집이 춥지는 않은지

울지는 않는지

서로 그런 생각을 했던 것 같다

그는 담쟁이 열매 곁에 잠시 앉았다 가고

나는 그 빈자리를 오래 바라보았다

무야, 무우야

무야, 무우야

이 짧고 맑은 가을볕 아래
네 희고 둥근 엉덩이로 흙을 조금씩 밀어내고
그 속에 집 짓는 너를 생각하면
나는 사뭇 진지해야 되는데

무야, 무우야

하늘에는 구름 한점 없는데
무얼 잡고 힘을 쓰는지
네 희고 둥근 엉덩이로 조금씩 흙을 밀어내고
그 안에 들어가 사는 너를 생각하면
나는 왜 이렇게 즐거우냐

저 위

폭설이 멎고 산책길 아름드리 소나무가 꺾였다
그들은 서로 누군지도 몰랐지만
온 밤을 눈은 공평하게 내렸고
나무들은 공손하게 눈을 맞았다

지하철 출입구 정자나무 그늘에서 노숙자들이 소주를 마신다
(나중에 구청에서 그 나무들을 베어냈다는 기사를 읽었다)
손목이 희다
좋아하는 시도 있고
집안에 제사도 있고
가슴속에 품은 여인도 있을 것이다
어딘가 더 큰 그늘이 있겠지

건물 청소하는 이들이 걸레 빤 시커먼 물을 화단에 들이붓는다
그래도 꽃들은 희고 붉고
이파리들은

지나가는 바람에 간지럼을 탄다

저 위에서 하는 일은 알 수가 없다

마가목 사랑

봄이 오면 소녀 같은 흰 꽃을 사랑했네

그들의 사랑은 분수처럼 하염없이 허공에 피어올랐다가

혼신을 다해 떨어지는 일

떨어져서 다시 흙의 딸이 되는 일

가을이 오면 불타는 열매를 사랑했네

해의 젖꼭지를 물고

내 속에 차오르는 허기 같은 나무,

그들의 사랑은 불꽃처럼 타올랐다가 떨어져

짐승의 먹이가 되는 일

먹이가 되어 산천에 불을 붙이는 일

마가목을 사랑했네

벚나무 이야기

겨우내 어둡고 추운 집에서
벚나무는 꽃에게 입힐 옷을 준비했던 것이다
그러나 한사코 밖으로 나가고 싶어 하던 꽃들은
새들이 구름이 바람이
물소리가 어느 날
봄이다, 하고 소리치니까
옷 입을 새도 없이 집을 나왔던 것이다

꽃은 자랑이 하고 싶었다
긴 겨울 눈보라를 견뎌낸 자신을
물소리와 바람과
구름과 새들에게
보여주고 싶었던 것이다

그들이 집을 나간 뒤 나무는
꽃들이 부끄러워할까봐
서둘러 잎을 내보내는 것이다

곡우지절

빈 논에 물이 실리자 왜가리들이 제 모습을 비춰보려고
종일 날았다 앉았다 한다

배고픈 벌들에게서 온 세상의 꽃 소식을 듣는다

쓸데없이 나이를 먹고 잠 없는 새벽으로 올라브 하우게를
읽는다

앞집 승용차가 며칠 그대로 있어 물어보니까
젊은 부인이 몸을 풀었다고 한다
골목을 쓸고 싶다

튤립이 찻잔처럼 4월을 받들었다
거기다가 하늘이 가끔 물을 부어준다

봄처럼 무정한 것도 없다
꽃이 피면 혈압도 내려가겠지

어느 행려별에서

내가 사는 이 별은
대추나무 한그루를 심으면
백년도 넘게 대추를 따고
사람 하나 묻으면 수천마리 구더기를 먹이는 곳

이 별에 사는 것들 중
가장 사나운 게 인간인 줄은 알지만
굶어 죽어가는 가자 아이들을 보거나
어느 날 젊은 여자에게 길을 묻다 개무시를 당하고는
당장 내리고 싶어도
별이 무안해할까봐 참고 사는 것이다
나는 점점 슬픔에 지쳐간다

해 뜨면 일하고
해가 지면 자던 이 별은
원래 오기를 외로운 천국으로 왔으나
사람들은 쓸데없이 집을 높이 짓고
짐승처럼 일을 한다

내가 사는 이 별은
멀리서 온 행려별
오늘은 그가 길을 잃을까봐
집 안의 불을 일찍 끄고 밤하늘을 쳐다본다

천지불인(天地不仁)

 어느 날 숲속에서 아름다운 새 한마리가 바로 눈앞에서 다친 것처럼 병든 것처럼 죽지를 늘어뜨리고 푸드덕거려 혹하여 다가서면 저만큼 가서 또 그러기를 반복하다가 사라졌다

물푸레나무도 힘들다

물푸레나무,

꽃은 봄에 가지 끝에 모여 피고
열매는 늦여름에 익어 짐승의 밥이 된다

가지를 꺾어 물에 담그면 푸르스름한 물이 우러나는데
그걸 달인 물에 먹을 갈아 글을 쓰면 천년이 지나도 변하지 않는다고 한다

희고 부드러운 몸은 척척 휘고 질겨서
조선의 포졸들이 죄인을 다스리던 육모방망이나 곤장질로는 당할 나무가 없었고 일본놈들은 그걸로 순사 방망이를 만들어 식민지 조선 사람을 패는 데 썼다고 한다

귀신 이야기

산을 헐고 절을 지었다가
나무귀신들에게 쫓겨났다는 스님이 있었다
스님들의 엄살이야 알아줘야 하지만
그렇게 남의 집을 헐면 누군들 앙심을 안 품겠는가
귀신이란 게 살아 있던 것들의 혼이기도 한데
나의 어머니는 벌써 오래전에 백발 귀신이 되어서
맨날 약 잘 챙겨 먹으라고 따라다니신다
나는 어렸을 적 도깨비들과 놀았으나
전깃불 무섭다고 어디론가 다 숨어버리고
요즘은 귀신들과 논다
옛날에는 정낭깐 귀신 빗자루 귀신도 있었고
머리를 풀어 헤친 처녀 귀신도 있었지만
요즘은 인터넷 귀신 바퀴 귀신이 대세다
아무튼 귀신을 조심해야 한다
살아 있는 것들은 살기 위하여
서로 사랑하고 먹기도 하지만
남의 생명을 함부로 해하는 건 사람밖에 없으므로
사람을 조심해야 한다
지금쯤 그 스님도 귀신이 되어

어느 산천을 떠돌고 있을 것이다

같이 살던 시절이 그립다

 지난해 물난리 때 지붕에 올라가 근심스럽게 세상을 내려다보던 소들이 있었고 수장(水葬)을 피해 절집 마당으로 몰려간 소들도 있었다

 그날 부처님과 무슨 이야기를 했는지 모르나 지금은 그들의 과거에 대하여 아는 사람이 거의 없다

 나는 오래전 소와 같이 산 적이 있었는데
 그는 늘 배고팠고 눈물이 그렁그렁했으며 밤마다 날아다니는 꿈을 꾸었다

 언제부턴가 다만 좋은 고기와 가죽이 되기 위하여 깨끗한 집에서 배불리 먹으며 편하게 산다니 다행이지만 그래도 우리가 같이 살던 시절이 그립다

천변 풍경

저들은 내가 얼마나 호의를 가지고 있는지도 모르고
조금만 알은체를 해도 날아가버린다
아름다운 것들일수록 더하다
내 속의 뭔가를 아는 것이다

물소리는 언제 들어도 좋다
물은 누구를 위해 흐르지 않는다

비 오는 날
왜가리 한마리
우장(雨裝)을 한 농부처럼 구부정하다
담뱃불이라도 붙여주고 싶다
새 한마리가 비를 맞는데 세상이 다 측은하다

어제는 새를 백마리도 넘게 셌다
논병아리같이 오래 잠수하는 것들 때문에 정확하지는 않다

물은 하늘에서 와 바다로 가는 공물이므로
이 천변은 거의 내 것이나 다름없는데

껑충한 백로가 쇠물닭이나 오리들 곁에
우두커니 서 있는 걸 보면 안됐다
그러나 그것이 천변을 완성한다

그들 생의 절반은 물 밑에 있다
그들의 다리와 발은 짧고 붉다

쇠백로 왜가리 물닭 청둥오리 쇠오리 드문드문
여기는 저들의 시장이고 학교고 식당이고 터미널이고
나는 천변을 지나가는 동네 아저씨,
오리네 식구는 보통 예닐곱 정도이고
나는 번식을 마친 지 오래

저들에게 나는 아무것도 아니지만
날마다 저들의 수를 세는 것은
내가 뭔가 부족한 탓이므로
오늘은 세기 좋게
어린것들이 잠수하지 않았으면 좋겠다
그들의 수가 많아질수록 재산이 불어나는 것처럼 즐겁다

어떤 날은 천변이 텅 비어서
풀이 죽어 돌아오기도 한다

죽지에 노동이 끝난 부리를 묻고
보에 나란히 앉은 그들을 보면
그 속에 끼여 한시절 보내고 싶다

물새들을 바라보며 천변을 걷는다
저들이 나를 한패라고 생각해주었으면 좋겠다

강마을

장마가 지나가자
부자가 강에 나와 투망을 한다
아버지가 커다랗게 원을 그리며 그물을 던지면
아들이 괜히 지르는 소리가 강둑을 울린다

지나가는 구름 사이로 가끔
햇빛이 폭포처럼 쏟아지고
큰물에 집을 잃은 물고기들은
가족이 모두 나서 새 집을 짓느라
우왕좌왕 정신이 없다

이 강이 생기고 물가에 모여 살면서
장마 지면 늘 이랬을 것이다
그걸 산그늘의 소와
키 큰 미루나무와
참 먹으러 나온 황새가 바라보고 섰다

아버지가 힘껏 그물을 던지면
응원하는 아들의 목소리가

강둑 멀리까지 퍼진다

우수(雨水) 소년

우수여, 맨발로 오는 비여

한때 얼음 속 깊이 잠들었던 물은

대지에 실금처럼 스며들어

마을의 우물은 차오르고 주검들은 흙덩이처럼 부푸는데

나는 어쩌다 그렇게 멀리 나갔던지

구름과 벌레들을 데리고 들을 건너오는 비여

나는 물에서 왔으므로 물이 고향이나

네 노래를 따라가는 나의 천방지축에 대하여

강은 아무 말도 해주지 않았다

누가 강을 끝까지 따라가본 적이 있는가

우수여, 차디찬 비여

새는 깃털을 다듬고 나무들은 먼 데서 돌아오는데

너는 다시 망자들의 노래를 부르며

아직 낯선 강가를 서성이는

늙은 소년의 목덜미에 떨어진다

다시 봄을 기다리며

앉을 곳도 없는 집에
봄이 일흔번도 넘게 찾아왔으나
올해도 강을 건너고 있다고
지나가는 새들이 전해주었습니다

그가 꽃을 들고 오는 길에
얼마나 많은 마을을 지나고 비를 맞았는지도 모르고
거기에 인생이 있는 것 같아서
나는 늘 높이 나는 기러기와
검은 눈보라를 노래했지요

이제 현수막을 내건다고 자주 올 봄도 아니고
그냥 지나갈 봄도 아니어서
어제는 지구를 조금 헐어 화분을 갈고
마당에서 그를 기다렸습니다

앉을 곳도 없는 집에
그가 언제까지 올지 모르지만
가는 길에 몇번 더 들른다고

강물이 노래를 멈추거나
꽃들이 뭐라 하지는 않겠지요

숲속의 의자

누가 숲속에 의자를 가져다 놓았다

많은 사람들이 쉬었다 가기도 하지만

어떤 날은 산이 쉬었다 가고

어떤 날은 바람과 나무가

어떤 날은 고요가 앉아 있기도 했는데

많은 날을 저 자신이 앉아 있었다

제 4 부

왈패에게

시인 고은은 국가를 그냥 왈패*라고 했다

그 왈패가 드디어 나를 알아보는 시절이 있어 코비드19 재택 치료 집중관리군에 들자 전담 간호사가 아침저녁 친절하게 안부 전화를 하고 주치의가 대기하며 특별 병실까지 준비시켰으니

일생의 호사였다

이 호사는 곧장 죽음과 맞닿아 있기도 하였으나 설사 죽을 때는 죽더라도 국가가 이렇게 친절한 건 살다 처음이었으므로 나는 자못 큰 벼슬을 한 것 같았다

왈패여 고맙다

* 고은 「후배에게」.

근황

숲속에서 주운 고라니 뼈를 옆에 두고
그의 검은 눈과 벼락같은 점프를 생각한다

중학생 또래의 아이들과 뛰어서 큰길을 무단횡단했다
아이들이 엄지척을 해주었다
나도 처음엔 저들이었다
헤엄쳐 강을 건너기도 하고
누구를 무턱대고 사랑하기도 했다
너희들은 좀 저렴하게 살아라

시장 모퉁이 푸성귀 파는 노파에게 얼마 안 남은 거 떨이하고 들어가시라니까
그렇게는 안 한다고 하신다
내가 뭔가 오해한 것이다

이태원에서 청년들이 떼죽음을 당한 다음부터 행정안전부라는 곳에서 걸핏하면 문자메시지가 온다 성탄절 기간 추운 날씨가 이어지겠습니다 외출 시 보온 및 미끄럼 사고에 유의하시고 눈이 내린 지역을 방문할 경우 교통 상황을 미

리 확인하시기 바랍니다 등등

　여야 국회의원들이 서로 존경하는 의원님이라고 하는 소리를 들으면 존경에게 미안한 생각이 든다

　아침저녁으로 한움큼씩 약을 털어 넣는다
녹두알만 하거나 단추만 한 것도 있고
희고 붉고 푸른 저것들이
내 속에 들어가 무슨 짓을 할까 생각하면
존재라는 게 별거 아니다

　십여년간 동고동락하던 차가
어느 날 앞다리를 치켜들고 폐차장으로 끌려간다
아무것도 해줄 게 없다

　우렁된장을 잘하는 식당 벽에 누가 우렁이의 죽음은 헛되지 않았다고 써놓은 걸 보았다

　거리에서 길을 묻자 청년이 멀리까지 따라오며 알려준다

나이 많으면 좋은 일도 많다

전주 가서

고풍스러운 식당에서 밥을 한상 시켜 먹고
경기전을 돌다가
어진(御眞)에 얼굴을 디밀고 사진을 찍었다

이 집구석만 아니었어도
우리가 이렇게 쪼그리고 살까?
할아버지 조선이 잠깐 마음을 무겁게 해도
언제 적 전주냐 구름 같은 기와집들아
방구들은 따뜻한지
시장은 잘 있는지
나그네들 떠들썩한 주막에 섞여
하루쯤 묵어가고 싶다만
누가 저 북쪽 낯가리는 시인을 알기나 하겠는가

그리운 것도 그립지만
먼 데는 다 그리워
처음 디딘 전주 땅
집집마다 솟을대문 파도 같은 담을 돌며
아가씨들이 한복을 차려입고 사진을 찍는데

그린 듯 날아갈 듯 괜히 눈물겹다

밥 든든하게 먹고
열심히들 살아라

어느 공공주의자의 노래

바람 개울 연민 국가 사랑 죽음 축구 하느님 공원 대통령 감기 비 눈물 평양 나무 하늘처럼 누구의 것도 될 수 있고 누구의 것도 될 수 없는 것을 공공재라고 하는데

동네 골목길에 아무렇게나 주차하는 사람들 때문에 이사하고 싶다
봄이 되어 가로수의 몸이 함부로 잘려 나가는 걸 보면 몸이 아프다 그런 일로 어떤 때는 시장에 출마하고 싶다
물론 나는 어디까지나 소소한 공공주의자로
사회주의자나 분노주의자하고는 다르다

가령 아름다운 여자를 보아도 가슴이 설레지 않거나
항구에서 이별도 안 하는 사람들,
노을이 붉게 타는데 바라보지도 않는 인간들을 생각하면 미인과 노을이 아까워 견딜 수가 없다
그 좋다는 국회의원 명함을 몇번씩이나 파는 사람들이나
하늘을 헐고 높다랗게 집을 지어 비싸게 파는 자들을 보면 어이가 없다
이건 정치나 소유하고는 다른 이야기다

물론 나도 소유에 열을 올릴 때도 있었지만
가질 수 없는 게 점점 많아지면서 어느덧 공공주의자가 되었다

공공의 것을 개인이 도를 넘게 가지거나 누리면 화가 되거나 탈이 난다
명예 술 땅 슬픔 허공 같은 것이 더욱 그렇다
나는 어디까지나 공공주의자다

단추 재벌

좁다란 시장 골목 단춧집
단춧값은 주인 맘이다

점포는 성냥갑만 하고 간판은 흐려도 이 집이 만만치 않은 게 옛날 구멍가게 사탕 단지만 한 것에서부터 크고 작은 유리병이 천장까지 가득한데다 그 안에 둘이서 달포는 세어도 다 셀 수 없는 단추들이 손님을 기다리고

그게 다 돈이고 보면

평생 단추를 지키는 늙은 내외와
그 내외를 지키는 단추들이 행복했으면 좋겠다

골목 불친(不親)

봄은 아직 멀었는데 어느 집이 수리를 한다
헐고 붙이는 소리가 골목을 울린다
누가 또 개업을 하는 모양,
어느 날 새 간판이 달리고
누군가 희망을 업고 들어올 것이다
그러나 누가 잘되고 누가 망하든 골목은 관심이 없다
주인 없는 고양이들이 연애를 하고
의성 마늘이 지나가는 길로 어김없이 가을이 오고
녹슨 대문에 기대어 철 모르는 장미가 피고 질 뿐
어쩌다 선거 벽보가 바람에 날리기도 하고
더러는 집주인이 바뀌어도
골목은 표정 하나 변하지 않는다
행여 손님들이 줄을 서거나
개업발이 다한 휑한 마당에
축하 화분이 나뒹군다 해도
골목은 다만 바라볼 뿐,
골목은 누구의 편도 아니지만
그렇다고 누구의 편이 아닌 적도 없다

색을 즐기다

수다방은 옛 시장 골목 이층에 있고
문을 밀치며 들어서면 워낭이 울리며
레지가 뜨거운 물수건을 가져다준다

저이들은 누구에게나 친절한 게 일인데
여자가 친절하면
나는 늘 딴생각을 했으니
나 같은 게 속으로 얼마나 같잖았겠는가

그렇더라도 이제 나이 얼마 됐다고
겨울 다방 연탄난로 곁에서
때로는 생이 헌 옷처럼 편한지

나는 늘 여자들에게 잘 보이려 했고
생각해보면 많은 시간을 거기다 쓰고도
요즘은 왜 아내도 어머니처럼 보이는지 몰라

멀리 돌아오긴 했어도
추운 날 연탄 냄새 구수한 다방에서

나 많은 레지가 동기간처럼 반겨주면
나는 거기서 또 낡은 색을 즐기는 것이다

바람에 대한 충고

　이성에 정신이 팔려 마음이 들뜬 것을 바람이 들었다 하고 들뜬다는 것은 가라앉지 않고 어수선하게 들썩거리는 거를 말하는데
　그렇다면 늘 들썩거리고 어수선한 나도 바람이 들어 있는 거나 마찬가지다

　바람은 열에 아홉 사람을 못 쓰게 만들어
　잘못하면 집을 태우거나 신세를 망치지만
　바람 든 채소나 과일은 내다 버려도
　바람 든 인간은 방부 처리를 한 것처럼
　상하지도 않는다

　바람은 어디서 오는가
　희고 푸른 삶의 그늘, 저녁의 빈집 혹은
　흐르는 거리의 허기와 어두운 강을 건너
　안개처럼 혹은
　짐승처럼 오는가

　바람은 들기도 하고 나기도 하는데

보통은 집도 절도 없이 떠돌다 아무 데나 쥔을 붙인다
사람들아
문 함부로 열어놓지 마라
바람은 들어오면 안 나간다

짝짓기에 관한 변명

새들은 허공이나 나뭇가지에서도 교미를 하고
아무렇게나 날아간다
동네 개는 종일 흘레를 한다
이렇듯 짝짓기는 동물들의 일상사이며
존재의 의무 같은 것이기도 한데
인간처럼 그것에 대하여 집착하는 동물도 드물다

어떤 종은 그것을 위하여 목숨을 걸기도 하고
고작 하루를 살다 가는 것들도 있다
그렇지만 그들은 짝짓기를 차별하거나
남의 그것에 대하여 간섭하지 않는다

지구에 사는 수많은 동물 중
짝짓기를 제도화한 동물은 인간밖에 없고
그런 의미에서 인간의 꼬리는
모든 동물 중 가장 정치적이다

미셸 푸코는 어딘가에서
남자끼리의 결혼이 인정되지 않는 한

진정한 문명은 없다고도 했는데
혹자는 그것을 반자연이라 하기도 하고
또는 천부(天賦)라고도 한다

여하튼 사람도 자연의 일부이고
인간만이 교미에 대하여 숙고한다

당착(撞着)

겨울이면 마당의 눈을 쓸고
참새들에게 곡식을 뿌려주는 나와
쓰레기통을 뒤지는 고양이에게 욕설을 퍼붓는 내가
같은 사람이라는 걸 저들은 모른다

초목과 짐승은 물론
흐르는 강과 떠다니는 구름까지 걱정하면서
한 이틀 남의 살이 없으면 밥이 안 넘어가는 나는 같은 사람이다
때로 나는 그냥 몸일 뿐,

수년간 차별금지법 서명대를 그냥 지나치는 나와
문화예술인 블랙리스트에 분노하는 나도 같은 사람이며
흙탕물을 마시는 아프리카 아이들에게
조금만 손을 내밀어달라는 티브이 광고에 짜증을 내는 나와
불타는 브라질의 밀림과
북극의 곰 가족을 걱정하는 나도 같은 사람이다

나의 천성은 본래 고요하고 다정했으나
이해가 나를 저열하게 만들었으며
입으로는 남북과 동서와 좌우를 넘어서자는 나와
내 편이나 우리 편이 아니면
말도 섞기 싫어하는 나는 같은 사람이다

살 일이 걱정이다

청바지에 대한 생각

청바지는 길을 두려워하지 않는다

블루는 우울한 인민의 컬러이며
블루진은 말하자면 좌파의 브랜드 패션이다

아름다운 청년 예수가 십자가를 지고
하나님의 사역 길에 나섰을 때 혹은
룸비니 보리수 아래서 삶과 죽음의 문제로 장기 노숙했던
싯다르타나 그 도반들의 옷이다
그들은 거의 벌거숭이였다

공자는 패셔니스트였지만
노나라에 생산 공장이 있었다면
인민들에게 반값 공급을 제안했거나
헐렁한 데님 패션을 하고 천하를 떠돌았을 것이다

저 사막의 무함마드 또한
기도하는 무릎과 머나먼 하지를 위하여
리벳을 단 청바지를 평생 입었을 것이다

어쨌든 저들은 기본적으로 좌파다
인민을 벗으로 삼은 자들이기 때문이다

청바지는 인류의 엉덩이를 차별하지 않는다

여하튼 안녕

 어떤 여자가 밀고 가는 유모차에서 개가 근심스럽게 세상을 내다본다

 계사전에 이르길 겨우 봇짐이나 질 자가 수레를 타면 사방에 도둑이 들끓는다고 한다

 골목의 개가 밤마다 열심히 짖는다
 너무 애쓰지 마라
 그냥 살면 된다

 도연명은 쌀 몇말 때문에 하급 관리들에게 머리를 굽히기 싫어 관인을 끌러놓고 전원으로 돌아갔다고 한다
 생각이 짧은 것이다
 저자에서 지키지 못한 졸(拙)이 전원에서 지켜질 리 없는 것이다
 나 같은 사람은 나기를 전원에서 났다

 러시아가 우크라이나를 침공했다
 세상에, 아직도 남의 땅을 빼앗는 나라가 있다니

거기다가 어떤 나라는 무기를 팔고
어떤 나라는 돈을 댄다
죽는 건 아름다운 청년들뿐

어떤 사람들은 그게 언제 적 일인데
아직도 세월호 타령이나 하는 건 이제 지겹다고 한다

나치에게 당한 바로 그 사람들이 지금 가자에서 그 짓을 하고 있다

갠지스강 가에 가득한 모래알만큼 그만큼의 갠지스강이 또 있다 한들*

이번 나의 생은 이것으로 끝이다

* 『금강경』.

세계문학을 버리다

세계문학을 버렸다
수심에 잠긴 셰에라자드도 덮고
햄릿이나 그레고르 잠자 같은 군상들은 노끈으로 묶어
폐지 장수에게 줘 보냈다
세계문학이라는 것도 별거 아니다
한때 그들이 사랑하고 미워하던 세상이 있었고
그들 따라 웃고 울던 무리들이 있었다
수십년 동안 하드커버로 나를 장식해주었던
문학을 내다 버렸다
교산은 어린 길동을 달래 사천 외가로 보내고
불쌍한 아Q도 울며 집을 나간 지 오래
그들은 세상에 버림받았고 혁명도 끝이 났으며
인간도 이전의 인간은 아니다
세계를 버렸다
이사업자들에게는 최악의 상대이며
비용 견적만 높이는 세계문학을 버렸다
나는 이미 세계인이 된 지 오래되었고
많은 미래가 과거가 되었으며
일반적으로 아파트에는 세계가 들어갈 데가 없다

폐지 장수 리어카에 실려 가는
조르바나 돈키호테 같은 이들이 나를 향하여
손가락질하며 분개했지만
세계는 변했고 나도 이전의 내가 아니므로
미련 없이 그들을 버렸다

수행자의 노래

모차르트를 높여놓고 설거지를 한다
세제 향이 뭉게구름처럼 피어오른다
설거지에는 설거지의 도가 있어
먼저 더운물에 그릇을 불리고
거품을 일으켜 애벌 씻은 다음
부드럽게 헹구고 물을 찌워
마른행주로 닦아 말리면 뽀송해진 그릇들이 좋아한다
어느 과정 하나 소홀하면 안 되고
깊고 얕고 넓고 좁고 그릇에겐 그릇의 품성이 있어
마땅히 예로써 존중해야 한다
아내는 내가 설거지를 해놓으면 좋아한다
어떤 때는 그릇에 얼룩이 그냥 있다거나
냄새가 가시지 않았다고 해도
그러한 지적으로 나의 공부는 나날이 깊어간다
애들이 식기 세척기를 사준다 해도
기계는 일은 알지만 살림의 도리를 모르고
마지막으로 행주를 짜 널고
바라보는 재계(齋戒)의 기쁨을 모른다
어떤 날은 이 일 말고 하는 일이 없기도 하지만

그릇을 닦는 일은 세상을 닦는 일이고
나의 경계는 나날이 높아간다

괜히

 불가에서는 붙잡힌 짐승이나 물고기를 가엾게 여겨 놓아주는 것을 방생이라 한다 그러다보니 잡아 오는 사람과 놓아주는 사람이 생기게 되었고 어느덧 이 일은 양쪽에 다 필요한 일이 되었다

 그렇게 해서 누군가 극락에 간다면 이는 극락을 사고파는 거나 마찬가지이고 영문도 모른 채 잡혔다 놓여나는 것들 입장에서 보자면 극락을 가고 못 가고는 저들에게 달렸고 목숨까지 걸린 일인데도 아무것도 손에 쥐는 게 없다는 것이다

 부처님도 불전함을 내려다보며 빙긋이 웃고 계시는 건 세상이 다 아는 일이지만 괜히 극락 같은 걸 만들어 사람들을 놀리거나 불쌍한 것들 고생시키지 말았으면 좋겠다

| 해설 |

시인으로서의 존재론을 탐색해가는 시적 우보(牛步)

유성호

일생의 업이 이거 하나인데

이상국 시집 『나는 용서도 없이 살았다』는 치열했던 지난 시간에 대한 성찰적 시선과 필치로 삶과 사물의 궁극을 탐색한 성과로서 우리를 찾아온다. 시인에게 존재론적 기원이자 최종적 귀속처이기도 할 '시 쓰기'는 그러한 탐색의 문양을 보여주는 가장 중요한 표지(標識)일 것이다. 여기서 우리는 높은 정신과 담백한 언어를 결속한 '시인 이상국'의 우뚝한 입상(立像)을 만나게 된다. 그는 '시인'이라는 존재와 '시 쓰기'라는 행위를 적극 사유하는데, 시인이 가닿고자 하는 대안(對岸)은 '시' 자체를 궁구하려는 의지의 언덕이기도 하다. 그렇게 그는 '시는 (나에게) 무엇인가'라는 질문을 끊임없이 던지면서 스스로 답을 마련해간다. 이때 '시'는 삶의 거울이기도 하고, 타자를 향해 번져가는 언어적 파동이기도 하다. 이처럼 시인이 생성해가는 '시'에 대한 기억과 사유는 순간과 영원, 선택과 망설임, 안착과 방황을 굳건히 결합하는 원동력이 되어주고 있다.

> 시가 늘지 않는다
>
> 꽃은 저 혼자서도 피었다 지고
>
> 송아지도 어미 말을 알아듣는데
>
> 시가 늘지 않는다
>
> 살다보면 사랑도 늘고 술도 늘고
>
> 이별도 늘어가는데
>
> 나의 시는 늘지 않는다
>
> 인생이 늘지 않는다
>
> ―「나의 시」 전문

시인이 노래하는 "나의 시"는 "늘지 않는" 속성으로 먼저

다가온다. 이 말 속에는 "나의 시"가 빚어낸 사유와 감각이 자신의 눈높이에 미치지 못한다는 겸손의 뜻이 들어 있다. 꽃이 "저 혼자서도 피었다 지"듯, 송아지가 스스로 "어미 말을 알아듣"듯 '시'도 자연스럽게 늘어야 하는데 그렇지 못하다고 시인은 고백한다. 살아가면서 사랑도 술도 이별도 늘어가는데 오직 "나의 시"만 늘지 않으니 '시=삶'인 시인으로서는 "인생이 늘지 않는다"는 고백을 덧붙이게 되지 않겠는가. 이러한 표현에는 "희망이 혼자인 것처럼//시도 늘 혼자"(「희망에 대하여」)였던 시인으로서의 고독과 고요와 성스러움이 배어 있을 것이다. 하지만 "산다는 건 누구나 제게서 멀리 가는 일"(「너에게」)이니 '시인 이상국'은 여전히 "나의 시"를 통해 '나'를 품고 넘으면서 한없이 이어져갈 것이다. "나의 시는 늘지 않는다"라는 말이 마치 환청처럼 "나의 시는 늙지 않는다"라고 들리지 않는가.

    새로 나온 문예지를 읽는다
    아무리 읽어도 알 수 없는 시들이 있다
    그러나 다 이해되면 시가 아닐지도 모른다
    어차피 시는 부족의 언어다

    시보다 프로필이 긴 시인도 있다

    젊은 시인들의 시를 읽다가

사람 사는 마을이 보이면 한 사날 묵어가고 싶다

　시인들은 고양이처럼 노동을 하지 않고 대체적으로 거만하다
　그래서 아무도 시인을 겁내지 않는다
　시인을 질투하는 건 시인들뿐

　어떤 시인을 많은 사람들이 좋아하는 데는
　다 그만한 이유가 있다

　나에게는 출간한 지 십년 만에 2쇄를 찍은 시집도 있다
　시처럼 끈질긴 것도 없다

　요즘 시인들은 지면에 나이를 밝히지 않는다
　나이를 가린다고 시도 가려지는 건 아니지만
　시는 나이를 먹지 않는다

　일생의 업이 이거 하나인데 어떤 사람은 요즘도 시 쓰냐고 묻는다
　달아나고 싶다
　　　　　　　　　　　　　　　―「시인 노트」전문

시인은 "새로 나온 문예지"에서 "아무리 읽어도 알 수 없

는 시들"을 자주 만나지만 가끔씩 젊은 시인들 시에서 "사람 사는 마을"이라도 보이면 "한 사날 묵어가고 싶다"고 한다. 시는 어차피 "부족의 언어"인지라 모든 세대를 뛰어넘어 보편적 텍스트로 존재하는 시편은 거의 없을 것이다. 그러니 시인들마다 끈질기기 이를 데 없는 자신만의 시를 써가게 마련 아니겠는가. 그 끈질긴 시간이 지나 "출간한 지 십년 만에 2쇄를 찍은 시집"은 시야말로 "나이를 먹지 않는다"는 사실을 암시한다. 이처럼 "일생의 업"이 '시 쓰기'뿐이라고 말하는 시인의 진솔한 자기 고백은 '시인 노트'를 통해 "시인은 제 이야기를 많은 사람이 들어주기를 원하는 사람"(「시인들」)임을 보여주는 투명한 창이 되어준다.

결국 이상국에게 '시' 혹은 '시 쓰기'는 스스로에게 건네는 끝없는 자기 긍정이요, 타인에게 건네는 진정 어린 호소이자 다짐일 것이다. 이때 그의 모습은 어둑한 비탈과 굴곡에서 여전히 담담한 빛을 토해내는 자유인으로 비친다. 시인으로서의 가파른 실존을 존중하는 그의 처연한 언어는 그 자체로 존재의 심층을 환기하면서 다양한 세목들을 강렬하게 붙든다. 따라서 그는 시를 향한 원초적 비애를 붙잡으면서도 다분히 실존적인 질문을 던지는 속 깊은 시인인 셈이다. 그의 시는 우리를 눈부시게 하지 않고 잠시 아득해지게 한다. 그래서 시인에게 '시 쓰기'란 사물과의 적극적 친화를 추구하는 욕망이 반영된 것이 아니라 근원적 생의 형식을 들여다보는 가장 확연한 방법이 된다. 그렇게 이상국은 사물에 자기를 이입하면서 상상적인 존재 전이를 꾀하지 않고, 그저 무시무종(無始無終)의 시간을 흘러가면서 내면에서 오래 삭힌 그리움을 하염없이 바라보는 일관된 적공(積功)을 보여준다. 그것은 더없이 깨끗하고, 가장 심미적이고 역동적인 원리를 품은 결실일 것이다.

나의 공부는 나날이 깊어간다

자연스럽게 이번 시집 행간 곳곳에는 이상국 버전의 인생론이 가득 펼쳐진다. 그 인생론을 구축해가는 원동력은 단연 지나온 시간에 대한 섬세한 기억이다. 이때 기억은 삶의 현재형을 지탱하면서 이끌어가는 심연이자 원형으로 각인된다. 그래서 시인의 기억은 살아온 날들에 대한 회상이자 살아갈 날들의 힘으로 거듭나게 된다. 시인은 이러한 기억의 힘을 빌려 자신만의 시를 써나간다. 그때의 구심적 힘이 견결하고 반듯한 삶의 태도에 있다면, 원심적 힘은 사라져간 기억을 향한 그리움으로 나타난다고 할 수 있다. 이상국의 시는 절제와 균형의 미학을 벼리는 힘에 의해 다채로운 미학적 변용을 이루어가면서 그 근원적 힘이 바로 삶에 대한 남다른 기억에 있음을 증언한다.

잘 알지도 못하는데

커피콩을 외상으로 주는 동네 커피 가게

어떻게 시 한편 있는 줄 알고 용케 도착한 청탁서

울적한 날 술집 같이 가주는 하느님

연립주택 화단의 애 머리통만 한 수국

점심은 먹고 왔는지
남해에서 종일 달려온 택배

어디선가 사람을 낳는 사람들이 있고
마음 깊이 감춰둔 사람이 있다는 것

나무들이 있다는 것
부모가 있다는 것

어둠이 무슨 짓을 하든
어떡해서든지 오고야 마는 아침아

—「과분(過分)」 전문

　시인은 자신의 분수(分)에 넘치는(過) 사람들과 사물들과 인연들을 하나하나 기록해간다. 한없이 이어져갈 것만 같은 과분한 존재들의 끝없는 병치는 가게, 청탁서, 하느님, 수국, 택배로 이월해간다. 그 존재들의 공통점은 '외상'으로 주었거나 '용케' 도착했거나 '같이' 가주거나 '종일' 달려온, 말하자면 시인을 향한 믿음과 동행과 정성의 인연들이라는 점에 있다. 지상의 순리처럼 제 일과 자리를 수행하고 지켜가는 사람들, 나무들, 부모들, 그리고 마침내 어둠을 넘어 도착한 아침까지 모두 분에 넘치는 존재들이 아닌가. 아마 시인도 누군가에게 "마음 깊이 감춰둔 사람"처럼 과분한 순간들을 많이 건네주었을 것이다.

>   어느 해 봄
>   제가 기차를 타고
>   나그네처럼 가다가 그만
>   남도의 수런거리는 대숲과
>   들판을 내달리는 강바람에 홀려
>   옥천을 간다는 게 영동에서 내렸지만
>   기차와 나 말고는 아무도 그걸 아는 이가 없었습니다
>   ―「어느 해 봄」 부분

어느 과정 하나 소홀하면 안 되고
깊고 얕고 넓고 좁고 그릇에겐 그릇의 품성이 있어
마땅히 예로써 존중해야 한다
아내는 내가 설거지를 해놓으면 좋아한다

어떤 때는 그릇에 얼룩이 그냥 있다거나
냄새가 가시지 않았다고 해도
그러한 지적으로 나의 공부는 나날이 깊어간다
─「수행자의 노래」부분

 시인은 기차를 타고 가다 "남도의 수런거리는 대숲과/들판을 내달리는 강바람에 홀려" 그만 내리려던 옥천이 아니라 영동에서 내리게 된 기억을 가지고 있다. 시인과 기차 말고는 "아무도 그걸 아는 이가 없"다고 했지만 자연의 소리와 감촉을 향한 시인의 '홀림'을 정작 "어느 해 봄"은 알고 있었을 것이다. 그렇게 나그네처럼 길을 가던 시인은 이제 수행자처럼 삶을 공부해나간다. "어느 과정 하나 소홀하"지 않은 "그릇의 품성"으로 살아갈 다짐을 하면서 "마땅히 예로써 존중해야" 하는 것들을 생각하는 것이다. 일상의 순간마다 찾아오는 아내의 지적 또한 "나의 공부"를 "나날이 깊어"가게 한다. 이 여유로운 "수행자의 노래"야말로 이번 시집을 전체적으로 은유하는 듯하지 않은가. "희고 푸른 삶의 그늘, 저녁의 빈집 혹은/흐르는 거리의 허기와 어두운 강을 건너"(「바람에 대한 충고」)온 바람처럼 수행을 거듭해가는 시인의 모습이 아련하게 다가오지 않는가. 마치 "어떤 사람이/눈이나 꽃처럼/거저 오는 걸 좋아하"(「핑계」)듯 자연을 향한 끌림을 안아들이는 시인의 품이 넉넉하게 다가오는 순간이 아닐 수 없다.

이상국의 기억과 다짐은 과분한 존재들과의 평화로운 공존의 지혜를 통해 암시되기도 하고, 여유로운 나그네를 삶의 원형으로 이끄는 회귀적 항체의 역할을 하기도 한다. 하지만 엄밀하게 말하면 그러한 삶이 가장 아름답다는 그의 믿음은 지상에서 실현되기 어려울 것이다. 그러한 난경(難境)에도 불구하고 이상국의 시는 이어져간다. 결국 미완에 그치게 될 삶의 완강한 불완전성이 그의 시가 자라날 수 있었던 역설의 토양이었던 셈이다. 그리고 그러한 열망과 그리움은 그만의 고유한 온기와 빛을 잃지 않은 채 하염없이 지속되어갈 것이다.

오늘은 그가 길을 잃을까봐

마지막으로 이상국은 슬픔을 품고 슬픔을 넘어서는 전형적인 서정 시인으로 우리를 찾아온다. 그 슬픔의 시간은 저녁에서 밤으로 이어져가는 문양을 남기면서 그로 하여금 지극한 마음을 담은 절창의 시편을 쓰게끔 해준다. 감각의 구체와 기억의 깊이에 의해 구성된 이러한 시 세계는 도시 문명보다는 자연 사물의 활력을 통해 시간의 심층에 가닿는 과정을 수반한다. 그만큼 그는 크고 세련된 것들이 구성해온 세계에 항의하면서 작고 소박한 것들이 동참하는 세계를 노래한다. 이러한 방식이 이상국 시의 생성 원리요, 잊힌 존재자들을 불러 모아 살뜰히 돌보고 그들에게 새로운 이름을 부여해가는 시인으로서의 존재론이 아닌가 한다. 그 점에서 그는 시 안에서 삶의 근원과 함께 모든 존재자들의 호혜적이고 수평적인 위상을 아름다운 기층 언어로 증언함으로써 속 깊은 그리움에 가닿는 시인이다. 결국 그에게 '시'란 삶의 슬픔을 다스리면서 사람들 사이의 온기를 담아내는 유일한 방법인 셈이다.

> 울지 마라 슬픔들아
> 새처럼 가볍게 사는데도
> 삶은 어떻게 짐이 되었으며
> 하루도 조용한 날이 없다고 울지 마라
> 인간이라는 게 죽을힘을 다해 세상에 나와
> 어떤 사람은 평생 고기를 잡고
> 어떤 사람은 벽돌만 쌓다 간다
> 말을 안 해 그렇지
> 누가 울고 싶어 울겠으며
> 아프고 싶어 아프겠는가
>
> 울지 마라 슬픔들아
> 삶은 어떻게 섬이 되었으며
> 벌처럼 붕붕거리며 사는데도
> 되는 일이 없다고

땅바닥만 내려다보지 마라
강물은 그 소리를 감추지 못하고
바람이 숲을 몰래 지나가지 못하듯
억지로 못하는 게 인생이다
저녁이다 슬픔들아
어둠의 등에 업혀 집으로 가자

—「저녁의 위로」전문

 이 아름다운 "저녁의 위로"야말로 이상국 시인의 심장에서 번져온 몸과 마음의 온기를 잘 보여준다. 시인은 지상의 목숨들이 겪어가는 뭇 슬픔들을 향해 울지 말라고 한다. 누군들 "울고 싶어 울겠으며/아프고 싶어 아프겠는가". 삶은 때로 섬이 되기도 하고, 벌처럼 살아도 되는 일이 없을 수 있지만, 강물이 "소리를 감추지 못하고" 바람이 "숲을 몰래 지나가지 못하듯" "억지로 못하는 게 인생"이기 때문이다. 이제 저녁이 되어 시인은 "어둠의 등에 업혀 집으로 가자"고 슬픔들을 위로한다. 비록 우리의 삶이 "하염없이 허공에 피어올랐다가//혼신을 다해 떨어지는 일"(「마가목 사랑」)일지라도 "누구의 편도 아니지만/그렇다고 누구의 편이 아닌 적도 없"(「골목 불친(不親)」)었던 골목처럼 슬픔은 우리와 함께 있었고 앞으로도 그러할 것이니 말이다.

내가 사는 이 별은

대추나무 한그루를 심으면
백년도 넘게 대추를 따고
사람 하나 묻으면 수천마리 구더기를 먹이는 곳

이 별에 사는 것들 중
가장 사나운 게 인간인 줄은 알지만
굶어 죽어가는 가자 아이들을 보거나
어느 날 젊은 여자에게 길을 묻다 개무시를 당하고는
당장 내리고 싶어도
별이 무안해할까봐 참고 사는 것이다
나는 점점 슬픔에 지쳐간다

해 뜨면 일하고
해가 지면 자던 이 별은
원래 오기를 외로운 천국으로 왔으나
사람들은 쓸데없이 집을 높이 짓고
짐승처럼 일을 한다

내가 사는 이 별은
멀리서 온 행려별
오늘은 그가 길을 잃을까봐
집 안의 불을 일찍 끄고 밤하늘을 쳐다본다
─「어느 행려별에서」 전문

시인이 나그네처럼, 수행자처럼 살아온 이 '별'은 "대추나무 한그루를 심으면/백년도 넘게 대추를 따고/사람 하나 묻으면 수천마리 구더기를 먹이는 곳"이다. "이 별에 사는 것들 중/가장 사나운 게" 폭력과 배제를 만들어가는 인간들이니, 그것을 확인할 때마다 당장 떠나고 싶지만 시인은 "별이 무안해할까봐 참고 사는 것"이라고 말한다. "멀리서 온 행려별"이 "길을 잃을까봐/집 안의 불을 일찍 끄고 밤하늘을 쳐다"보면서 말이다. 이렇게 어느 행려별에서 "설움이며 수심을 골라내는 일"(「콩을 고르며」)을 하면서도 사람살이의 본래면목(本來面目)을 노래함으로써 이상국은 자신의 시를 특정한 시공간에 묶어두지 않는 면모를 보여준다. 이때 시인의 사유는 삶을 규율하는 합리적 운동 형식이 아니라 마치 고고학자의 시선처럼 오래도록 쌓여온 시간을 각인하는 '시의 시간'을 창조하게 된다.

이상국은 까다로운 유추를 필요로 하는 난해한 언어보다는 투명한 언어를 통해 융융하고 애잔한 삶의 원형적 그리움을 노래하는 시인이다. 그가 공들여 쓴 시 한편 한편에는 시인 자신의 고유하고도 각별한 경험과 함께 삶과 사물을 향한 한없는 매혹이 들어앉아 있다. 그 점에서 그의 시는 삶의 가장 근원적이고 보편적인 가치를 발견해가는 과정에서 쓰였다고 할 수 있을 것이다. 이제 우리는 고조곤히 아름다웠을 그의 생애와 따듯했던 사람들, 그리고 무엇보다 삶과 자연과 사람을 사랑했을 그의 마음이 모두 환하게 밝아오는 순간을 느끼게 된다.

  서정시를 포함한 모든 언어예술은 한 시대의 속성을 증언하려 한다. 이제 인과론적 설명으로 세계가 명료하게 해명되지 않는다는 것이 확실해짐에 따라 시인들은 우리 시대의 복합성과 예측 불가능성 그리고 다양성의 풍요로움을 힘껏 그려 보이려고 한다. 주체의 정체성을 신념에서 연역하는 것이 아니라 무수한 타자의 목소리를 끌어들여 자신의 빈터를 채우는 작법을 견지해가려 하는 것이다. 이상국 시인은 피아(彼我)의 확연한 구별이 아니라 양자 간의 경계를 허무는 작업을 끊임없이 착근시킴으로써 타자들의 목소리를 통해 폐허를 건너는 장면을 보여준다. 그럼으로써 시인으로서의 존재론을 탐색해가는 '시적 우보(牛步)'의 고유한 위의(威儀)를 우리로 하여금 확인하게 해준다. 이는 이번 시집이 거둔 정점의 성취이자 '시인 이상국'의 존재론적 진경(進境)일 것이다.

柳成浩 | 문학평론가

| 시인의 말 |

  이 시집에 실린 시편은 대부분 내가 아무 일도 없이 생애의 가장 한가로운 시기에 쓴 것들인데 나를 따라 시도 무사하기만 한 게 싫어서 틈만 나면 낯선 사람들 속으로 들어가거나 새벽에 일어나 비를 바라보기도 하고 천변에서 새들과 놀기도 했다.
  세상에 아무런 공덕도 없는데 좋은 일들이 자꾸 생긴다. 가을과 헤어지고 나면 눈을 이고 겨울이 찾아오는 것도 그렇고 많은 이들의 살핌과 찬을 받아 시집을 묶는 일도 그렇다. 그리고 그것들이 갚을 수 없는 것들이어서 더없이 즐겁기만 하다.

2025년 12월

이상국

창비시선 528

나는 용서도 없이 살았다

초판 1쇄 발행 / 2025년 12월 19일

지은이 / 이상국
펴낸이 / 염종선
책임편집 / 오윤 박문수
조판 / 황숙화
펴낸곳 / (주)창비
등록 / 1986년 8월 5일 제85호
주소 / 10881 경기도 파주시 회동길 184
전화 / 031-955-3333
팩시밀리 / 영업 031-955-3399 편집 031-955-3400
홈페이지 / www.changbi.com
전자우편 / lit@changbi.com

ⓒ 이상국 2025
ISBN 978-89-364-2528-9 03810

* 이 책 내용의 전부 또는 일부를 재사용하려면
  반드시 저작권자와 창비 양측의 동의를 받아야 합니다.
* 책값은 뒤표지에 표시되어 있습니다.